coração
à larga
luiza camisassa

sexta-feira sábado segunda-feira terça-feira
quarta-feira quinta-feira sexta-feira sábado
domingo segunda-feira terça-feira quarta-feira
quinta-feira sexta-feira sábado domingo
segunda-feira terça-feira quarta-feira sábado
quarta-feira segunda-feira quarta-feira
quinta-feira sábado domingo segunda-feira
quarta-feira sexta-feira quinta-feira sexta-feira
domingo segunda-feira domingo segunda-feira
terça-feira sexta feira domingo segunda-feira
sexta-feira domingo quinta-feira sexta-feira
sábado segunda-feira terça-feira quinta-feira
quarta-feira quarta-feira segunda-feira
quarta-feira quinta-feira sexta-feira domingo
dezessete de janeiro vinte e cinco de janeiro
vinte e seis de janeiro dezesseis de fevereiro
vinte de fevereiro vinte e um de fevereiro
vinte e dois de fevereiro vinte e oito de fevereiro
sete de março nove de março vinte e quatro de março
dois de abril quatro de abril oito de abril
vinte e três de abril dezenove de junho
primeiro de julho sete de julho quinta-feira
segunda-feira quarta-feira domingo

sexta-feira

há alguma coisa quebrada que eu não posso
embrulhar no jornal e jogar na lata de lixo da área
de serviço. as pernas parecem mais pesadas. sumo
com os meus lençóis e não sei o que minha cama
significaria para outra pessoa

—

nunca ouvi as ondas eletromagnéticas da aurora

sábado

o café da garrafa térmica não era pra mim. só eu sei
o sono que existe no espaço entre duas canecas. será
que é crime misturar uma bialetti pra seis com o
resto do café coado depois das dez?
—
só gosto de conversar às vezes
sou tão ranzinza dentro do meu silêncio
fui dormir com lágrimas de peixe

segunda-feira

me vi envelhecida pela primeira vez numa fotografia.
frondosa toda folhagem. eu vivi os sulcos no canto
dos olhos. não gosto de desenhar árvores.

—

gastei um tempo pensando o quanto a chuva limita
a liberdade de um pássaro
há dois anos atropelei um pássaro em plena
                                              aterrissagem
escrevi que não tinha um plano de voo
ainda não tenho

terça-feira

fomos comprar uma cadeira, acabamos por olhar prateleiras e voltamos sem nada. mudamos a mesa de lugar

quarta-feira

acordei arrastado hoje e assisti o vídeo dos patos da flávia. levantar da cama é sempre um passo

—

nadei forte. tenho mais facilidade com os treinos de força do que com os de resistência.

quinta-feira

no quarteirão seguinte eu quase nunca me lembro
de como atravessei a rua de antes
não houve nenhum acontecimento inesperado,
mas eu estava com a vida de uma língua prestes
a tocar o céu da boca e encontrar a palavra.
—
decidimos trocar o forro do sofá

sexta-feira

vi a imagem do meu crânio. um monte de dentes, os buracos dos olhos, um piercing flutuando quase no centro e nenhum siso. a gente nasce e está diante do mundo. e depois
—
meu pai tirou os pés do sofá

sábado

a vontade de tomar banho só pra trocar de
pijama e fazer uma dieta líquida alternando
entre água e café preto
nem sempre ficar na concha é uma escolha
—

o prazer é fazer cair o corpo
tentando fazer com que não caia

domingo

as pessoas com seus olhos de beco e as palavras.
às vezes, quando alguém fala, sinto que não existo
ou que não estou ali, no corpo.
fico pensando se o outro repara
a ausência dos olhos estacionados

segunda-feira

meu pai me acordou dizendo que tinha feito um
buraco na parede e que conseguiu passar o cabo
da tv pra outra parede. fiz um esforço sonâmbulo
para compreender a nova geografia dos fios
não sei se entendi

terça-feira

o hilda disse que as coisas mudam na primavera.
ele não falou em qual, mas disse que essa tá chegando diferente.
as agulhas de cabeça melhoram o sono.
ele colocou algumas.
dormi às nove e acordei onze da noite com muita fome.
—

o moço levou embora o sofá sem os pés

quarta-feira

minha avó conversa com o santo fazendo carinho na medalhinha
—

a menina que não come, o menino que chora porque a boca solta voz, qual a posição ideal para as pernas dormirem, como fazer rolinho no cabelo, altura das cadeiras, duração do forro de um sofá, carros, crise de abstinência, como a gordura ocupa o lugar dos músculos com a idade, onde o sol deveria bater, quando vem a chuva e a resistência das unhas
—

sofá da casa da minha avó, pernas num banco e suco de limão

quinta-feira

sonhei sobre o que acontece com a água do rio
quando encontra o mar. não era bom pra ela. a água
nasce, corre, evapora ou chega lá. foi lindo, escuro e
um pouco de morte também

sexta-feira

minha casa repete as palavras. meu pai disse que é a ausência do sofá. fiquei pensando que poucas pessoas conhecem o eco da própria casa. a casa como pedaços de voz.

sábado

o rafa me disse do sonho. a mangueira na janela, o peito aberto e os vários braços que saíam dali. tudo naquele espaço mudava através da luz. alguma coisa escapava pelas narinas ou olhos enquanto a própria imagem abria o outro lado da porta.

domingo

preciso de uma noite decente de sono.
–
ajudei minha mãe a encher os balões
apaguei as velas meia-noite e quatro

segunda-feira

eu já nasci. nove horas e três minutos.
—
passei a manhã costurando um novelo com fios de arame e pensando nas questões de um útero. eu já nasci. foi a primeira coisa que escrevi depois das nove.
—
continuo

terça-feira

diferença entre
semente e pedra
diferença ventre
semente e pedra

diferença entre
semente e pedra
diferença ventre
semente e pedra
entretanto falha

diferença entre
semente e pedra
diferença ventre
semente e pedra

diferença entre
semente e pedra
diferença ventre
semente e pedra
entretanto

quarta-feira

cuido de uma suculenta, da violeta do thor
e não arrumo a cama. tomo duas canecas de café.
às vezes mais.
só atraso quando acordo mais cedo.
—
o sono decente ainda não veio.
nadei arrastado hoje
a1 no lugar do a3

sábado

ela disse que entendeu muito cedo que não era pra
ela esse negócio de ser normal   eu também
tem negócios que não são pra ninguém
–
ô bicho atrapalhado!
eu segundo meu pai.

quarta-feira

é outro tempo   respiro
a cara afundada na água
mas fora   no centro
milhões de pessoas   e dentro do olho
                       do meu
quem vê o naufrágio

as mulheres   e as crianças
não desistiram
elas nunca quiseram
afundar   o navio

mas são   somos
as primeiras
afogadas

acho que é por causa da respiração

segunda-feira

parece que não mas sim. tenho muito corpo aqui.
ele começa pesado no chão
e só depois vai para a leveza
sou o peso do meu corpo que varia
—

a coisa mais importante é fazer o nó
às vezes   desfazer é importante

quarta-feira

sonhei que estava subindo um morro gigante
e muito íngreme de carro. o carro estragou
bem no topo.
acordei antes de começar a descer de ré.

quinta-feira

almoço no centro
chá de melissa
ateliê com café
cerveja na varanda
não tive vontade de escrever

sábado

no meio da caminhada resgatamos o móvel
que chega na terça.
aula de reposição da natação.
–
fugi de uma barata no centro

domingo

quando eu morrer, se eu morrer, quero que em
algum momento coloquem a música opening
do philip glass.
—
assisti um filme de amor e não comi pipoca de tarde
—
insônia

segunda-feira

perguntei pra minha mãe se ela acredita no universo.
ela disse: eu acredito em deus   mas se você chama
deus de universo, eu acredito no universo.
—
rezei o santo anjo antes de dormir

quarta-feira

ainda não coloquei os livros na estante.
a expectativa de criar espaço
—
deus, o ser que tem insônia
é uma bomba relógio implosiva.

sexta-feira

habemus sofá. é o fim da era do eco.
uma tarde de silêncio com a minha mãe.
é tão bom ficar em silêncio com

—

de repente tava tudo estranho e todo mundo
se estranhando aos gritos
antes
tava tudo bem mas tudo que silencia
grita
às vezes berra

—

o choro que deixa sem casquinha
a ferida

quinta-feira

não sei se a culpa é minha
sempre sinto que a culpa é minha
sempre sinto   culpa
ainda não sei
se sei existir fora dela
existir sem
ela

sexta-feira

temos estante com livros
não criamos
espaço
ainda
não compramos o tapete
para colocar as coisas
debaixo

domingo

sonhei que eu tinha um número contado de respirações até o fim. eu estava ofegante e não conseguia acalmar a respiração. só pensava em quanta vida eu estava perdendo por causa do descontrole respiratório

e ficava ainda mais ofegante

segunda-feira

estava assistindo um vídeo e quando me dei conta
o reflexo dos meus olhos estava
dentro da boca dele
pause
–

como sempre a gente chega com nada.
às vezes o mais forte é
justamente   a casca

domingo

chorei de soluços
e enquanto eu soluçava   morreu
com um tiro de alegria do tio
um menino de oito anos
—
insônia

segunda-feira

sobrevivi ao dia de ontem mas não ao dia de hoje
enxaqueca, falta de apetite e um corpo
de quinhentos e dois quilos

terça-feira

arrastei mais um pouquinho.

sexta-feira

finados. senti, de noite, como se a vida tivesse
começado hoje. uma vontade imensa de ser carnaval.
aliás, uma vontade imensa de ser qualquer coisa.
de ir crescendo, engravidando de vontades
e acabar lá em cima   com a casca vibrante.

domingo

todo dia de noite eu penso que meu prédio
está caindo. posso sentir minha cama mexendo
um dia, durante um voo, eu pensei que não devia
ter medo de avião e que as chances de um avião
cair são parecidas com as de um prédio desabar
enquanto escrevo tenho certeza de que meu prédio
está caindo e eu, deitada na cama, sinto meu peso
diminuir junto com um frio na barriga

—

insônia

segunda-feira

começar a semana depois de um feriado.
hoje eu entendi a causa de todas as minhas
insônias de domingo.

sexta-feira

foi tão suave, quase como se não tivesse sido

domingo

é o horizonte que chega e só então a clareza
o que significa que dessa vez não é preciso nadar
contra a corrente
a plumagem está na superfície e as asas já apontaram
pra fora da terra. as coisas do corpo estão assentando
em seu devido lugar e isso diz muito sobre acertar
a proporção de ombros, ancas e barriga
o rosto mais fino diz muito sobre o caminho
que dá o norte
para firmar as três almas
—
clássica insônia dominical

quinta-feira

minha mãe disse que nunca viu alguém desenhar
por milímetro sem ter a noção do todo
ir por milímetro tem dessas coisas
uma hora o todo chega   foi o que eu disse
ele sempre chega

sexta-feira

ter uma coleção de toalhas brancas
para enxugar os excessos

sábado

só encontramos as pessoas depois de conhecê-las
isso é tão impressionante
depois disso, temos que prestar as contas
do encolhimento das distâncias

segunda-feira

o desenho de uma árvore não é uma árvore
o desenho mostra uma árvore sendo olhada

terça-feira

uma mulher
o corpo começa com fios de arame, farpado não
é a partir do fio que o corpo ganha o corpo
um barulho que ninguém sabe para onde vai
nem o alcance

quinta-feira

até pra ser sozinha no mundo é preciso ter nascido

quarta-feira

sentir
que de repente
a superfície se volta para o avesso
devolvendo à língua a delicadeza da tez

preciso não tirar os olhos dos cantos
que escorrem
entre a dureza da água
e a ponta da boca

na incapacidade de compor
fronteiras
nessa ausência
digo
nessa distância
que nos assemelhamos
como quem se torna o próprio avesso

quarta-feira

não é possível emendar nascente e foz

segunda-feira

perguntei pro rafa se ele ainda vai me amar
ele disse que depende

quarta-feira

a traqueia larga e vasta
não disfarça o incômodo
o que não atravessa os nervos
escorrega pelo gargalo
e chega   seco
na ponta da língua
de onde nenhuma voz sai

quinta-feira

a coisa pode ser várias coisas

sexta-feira

a vida é assim: às vezes a gente vai fazer só um ovo mexido e faz uma bagunça

domingo

uma pele
sem carne
–

mafalda, atenção
atenção, mafalda

dezessete de janeiro

tive um sonho
estava nascendo lindo
o sol
era ano novo
e os planos
eram jogar as cinzas
do corpo da menina
no rio corrente

não era triste

vinte e cinco de janeiro

não existem ancas
tão fortes
que a lama não parta
ao meio

vinte e seis de janeiro

a gente acaba encontrando uma maneira de se tornar
–
não vamos atravessar a noite quietos

dezesseis de fevereiro

a pressa é inimiga da própria pressa

vinte de fevereiro

em qual caminho
do corpo ou ponta
de dedos frios
continua
–
jantei três vezes

vinte e um de fevereiro

aulas que invariavelmente começam
—
o silêncio guardado na ponta dos dentes
que tocam o lábio inferior

vinte e dois de fevereiro

mansa fúria mafalda
—
a longa pressa de dormir forte como se, de repente,
não fosse mais encontrar os tiros ou os olhos pretos
do bicho.

vinte e oito de fevereiro

aqueles dias em que a gente não dói muito
mas dói inteira
—
minha avó me desejou bons sonhos

sete de março

ninguém está
à sombra
ela
tem um rio de fogo
dentro

nove de março

esqueci de prestar atenção

vinte e quatro de março

de tudo mais louco que me aconteceu essa semana
foi o sonho. a bomba de luz que bateu e explodiu no
meio das minhas costas. tive muita clareza durante
o sonho e por um instante achei que poderia ser a
morte mas era intenso demais pra ser.
quando dei por mim estava de pé ao lado da cama
agradecendo o pequeno milagre.
—
não sei dizer o que mudou depois disso.
mas mudou tudo.

dois de abril

tenho pedido muita clareza e sentido muita saudade do rafa. tenho sentido saudades imensas de coisas que desconheço também.
—

hermano, te mandei uma foto nossa. éramos outros e ainda somos outros fantasiando novos outros.

quatro de abril

a gente quer passar um rio a nado, e passa; mas vai dar na outra banda é num ponto muito mais em baixo, bem diverso do em que primeiro se pensou.
—
estou atravessando, o rafa também
rios diferentes mas somos piracema
acima e além

oito de abril

eu estava precisando ler coisas simples e leves pra criar espaço.

—

comecei a ler grande sertão: veredas, no mesmo dia sonhei com a casa verde-água de portas pequenas que para entrar era preciso estar curvada. encontrei o senhor de óculos quadrados e cabelos longos e grisalhos como se vivesse no vento. ele não falava a minha língua. mas aí apareceu um homem cego e mudo e uma criança altiva. o menino traduzia tudo que o cego via. a sensação era de que eu não podia estar em outro lugar no mundo. eu precisava saber daquilo e eu precisava entrar curvada. no fim, o senhor do vento colocou a mão no meu ombro e eu soube que precisava sair. nesse ponto as portas já haviam crescido.

vinte e três de abril

é só um buraco
penso mais e é como se pensar fosse, enfim,
a inexistência das coisas.
foco no rangido dos meus passos pelo corredor
olho pela fresta da janela sustentada por um pedaço
de cabo de vassoura e por um instante o silêncio
daquele espaço fino parece possível.
continuo caminhando e o barulho do tênis me
incomoda muito.
na porta da mangueira de incêndio vejo o escrito:
laura, todos os dias ainda estão aqui
lembro da dança de saia branca e cabelos molhados.
na minha cabeça a cena não tem música e a lembrança
foi interrompida por mais um rangido do tênis.
todos os barulhos da cidade voltaram a acontecer
nesse instante que foi junto com mais um passo
e o silêncio parece que não vai ser possível nunca mais

dezenove de junho

sonhei que o carro corria demais na estrada minha
lente de contato estava fora do lugar o que fez
o caminho ser ainda mais turvo
segurei as mãos dele forte o suficiente pra ele não
se sentir à vontade para tirá-las do lugar
minha visão funcionava apenas como uma câmera
fotográfica programada para fazer fotos noturnas
de longa exposição
estávamos andando para frente, isso é certo.
mas aquela sensação parada de luzes compridas
e vidros embaçados me davam um sentimento
de encruzilhada   sendo a encruzilhada o lugar
do encontro e não da dúvida.
como alguma coisa sai de uma boca ele me olhou
e estávamos então na porta da minha casa
desci do carro
e nunca cheguei a saber
quem era ele

primeiro de julho

acordei achando que o sol já tinha mudado de posição.
que, enfim, os dias estavam começando mais cedo
e que a luz que atravessa a fresta da janela ficaria
mais espessa.
lembro que coloquei o despertador para uma hora
mais tarde enquanto   o barulho e a poeira da
obra ao lado invadem a minha cama
junto com um grito
de um cachorro
penso em todos os sons matinais
desaforados
que varam o espaço
alheio
sem licença
ou desculpas
não se tem escolhas
pela manhã acorda-se
transpassada
pior
não acordar

sete de julho

olho minhas mãos encostadas na beirada
da mesa as veias pontudas a pele
em caquinhos lembro que gosto das unhas
peladas e rentes   não sei
porque me demoro tanto no preto
descascado até a meia-lua
queimo minha pele debaixo das lâmpadas quentes
e frias da cozinha e só lembro
que esqueci do café no fogão com o cheiro de queimado
da borracha incendiária de uma bialetti para seis.
o café fervido e espalhado entre as grades
todos os dias esquento minhas mãos no quente
da cafeteira e embora minha mão
seja gelada
tenho suado entre os dedos

quinta-feira

o lugar de passagem é um dos lugares
–
dormi com os cabelos molhados

segunda-feira

coloquei uma banana madura
no meio   da penca verde
pra criarem coragem
–

olhar entre as redes as nuvens penteadas

quarta-feira

toda dureza é quebradiça

domingo

minha avó disse para colocarmos o coração à larga

✲

este livro contém citações, às vezes ligeiramente modificadas, de:

ana cristina cesar, ana martins marques, brisa marques, estela rosa, estrela leminski, flávia péret, gilberto gil, joão guimarães rosa, júlia de carvalho hansen, leíner hoki, matilde campilho e *viviane mosé.*

agradecimentos

à *laura cohen*, porque sem ela esse livro talvez vivesse pra sempre num arquivo de word dentro do meu computador. ao espaço *estratégias narrativas* e a todxs que dividiram comigo, nesse espaço, um texto, um café, a mesa ou uma cachacinha antes das seis. ao meu próprio irmão, *rafael camisassa*, que além de me ajudar, sempre, a sair do casulo, fez todo o projeto gráfico e diagramação do livro com uma paciência e amor sem tamanho. aos meus pais, *patrícia* e *alberto*, por tudo (tanto), sempre. à minha avó, *themis*, que sempre soube.

especialmente à *tiza*, pela vida a mim concedida em plena vida.

esta publicação foi viabilizada com o apoio de pessoas incríveis, via plataforma de financiamento coletivo, a *evoé*:

alberto camisassa, alcione rezende, alexandre cunha, alexandre de almeida parisi filho, aline wanderley camisassa ditta, amador francisco de mendonça, amanda ribeiro, amanda nascimento, ana flávia castro, ana laura dutra, ana paula tavares pontello neves, anna ditta, anna proietti, antônio francisco soares leal, antônio maroca soares, aparecida russo cunha piuzana, bárbara aliverti, beatriz coutinho l. lima, beatriz godoy, benjamim godinho, beatriz gama, bruna bizzotto, bruno corrêa, camila piovesana, carla viana coscarelli, carolina santana, carolina baptista, claudio vanderci soares, clea hespanhol, cristina m. g. c. dias, cristina nolasco barcelos, danilo augusto de castro, danuza menezes, diego dias, diogo da costa rufatto, daniel meira, eduardo h. g. costa, ênio quintão torres, euclides angelo zaninetti, fernanda cerqueira, fernando calaes, hannah cepik, hildebrando sábato, iara mol, iêda rossi, ines campos duarte pereira, ismael teixeira antuña, joão martins, josé carlos de matos silva, jose eduardo gonçalves, juliana carvalho costa lopes, juliana pinheiro dutra, juliana teichmann, julyanne pessoa, jussara daher russo lage cabral, laura antuña, leíner hoki, lucia helena r. m. castro, luciano amaral, luide peixoto, magda maria barreto antuña, maria augusta de castro, maria de fatima neves teixeira, maria paula correia, maria teresa pinheiro martins da costa, maria tereza castro, mariana godoy, mariana hauck, marília botinha, mario baptista, matheus meinicke, melissa carla, miria oliveira, mônica fróes schettino motta, natália nogueira botinha, orlando andrade, paula comini, paulo bittencourt de araújo, pedro dalla, rafael lima pimenta, regina coeli heringer santos, renata junqueira, renata maria de araujo, rosa maria martins de araújo, rosane mann azevedo, sandra cristina hespanhol, silvia lins, simone libânio rocha e silva, tatiana bicalho, themis guerra costa, thereza portes, tomás loïck neves, veronica baptista, viviane c. moreira, wander lage novaes, wanderson ferreira

Coleção Poesia In**C**rível

1. *nus, florais & ping-pong* — Hugo Lima, 2014
2. *mil noites e um abismo* — Adriana Godoy, 2015
3. *latência* — ana f. & g. zocrato, 2016
4. *temos vago* — H. Henras, 2017
5. *estar onde não estou* — Olivia Gutierrez, 2018
6. *ano bissexto* — Neilton dos Reis, 2018
7. *inflamáveis* — Cecília Lobo, 2019
8. *casulo* — Fabrício Seixas, 2019
9. *coração à larga* — Luiza Camisassa, 2020
10. *barulhos da chuva* — Cibelih Hespanhol, 2020

Este livro foi composto em Stempel Garamond sobre o cartão 250g/m², para a capa; e o pólen 90g/m², para o miolo. Foi impresso em fevereiro de 2021 para a Crivo Editorial.

Coração à Larga © Luiza Camisassa, 02/2021
Edição © Crivo Editorial, 02/2021

Edição e revisão: Amanda Bruno de Mello
Capa, Diagramação e Projeto Gráfico: Rafael Camisassa
Ilustração de Capa: Luiza Camisassa
Curadoria: Natália Greco e Rodrigo Cordeiro
Direção de Arte: Haley Caldas
Coordenação Editorial: Lucas Maroca de Castro
Coordenação do Projeto: Deborah Rocha

Dados Internacionais de Catalogação na Publicação (CIP) de acordo com ISBD

....

C183c   Camisassa, Luiza

    Coração à Larga / Luiza Camisassa.
    Belo Horizonte, MG: Crivo Editorial, 2021.
    88 p. ; 12cm x 18cm. — (Poesia InCrível ; v.9)
    Inclui índice.
    ISBN: 978-65-89032-10-6

    1. Literatura Brasileira. 2. Poesia.
    I. Título. II. Série.

                            CDD 869.1
2021-346   CDU 821.134.3(81)-1

....

Elaborado por Vagner Rodolfo da Silva — CRB-8/9410

    Índice para catalogo sistemático:
    1. Literatura brasileira: Poesia 869.1
    2. Literatura brasileira: Poesia 821.134.3(81)-1

Crivo Editorial
Rua Fernandes Tourinho, 602, sala 502
30.112-000 – Funcionários – Belo Horizonte – MG

Dados Internacionais de Catalogação na Publicação (CIP)
de acordo com ISBD
Elaborado por Vagner Rodolfo da Silva – CRB-8/9410

www.crivoeditorial.com.br
contato@crivoeditorial.com.br
facebook.com/crivoeditorial
instagram.com/crivoeditorial
crivo-editorial.lojaintegrada.com.br